Paul Schulte-Herrmann (Hrsg.)

# Wintergedichte

AF220224

## Winterlyrik

Sie lieben den Winter? – Hier präsentiert er sich in poetischen Versen: „Schwarz ist die Nacht; es kracht das Eis ..."; „Verschneit liegt rings die ganze Welt ..."; „Unendlich dehnt sie sich, die weiße Fläche ..."; „Nicht ein Flügelschlag ging durch die Welt ..."; „So ein Blau, ein blauer Tag ...".

Die Anthologie versammelt kleine und große Kunstwerke u.a. von Avenarius, Claudius, Droste-Hülshoff, Eichendorff, Fallersleben, Fontane, Goethe, Grillparzer, Hebbel, Heym, Hölderlin, Holz, Keller, Lenau, Meyer, Morgenstern, Rilke, Ringelnatz, Rückert, Uhland und Werfel.

Lesen Sie vertraute und entdecken Sie neue Lieblingsgedichte zum Genießen, Nachsinnen und Weiterdichten.

## Der Herausgeber

In der vorliegenden Anthologie hat der Literatur- und Sprachwissenschaftler Paul Schulte-Herrmann – erfahrener Lektor, Herausgeber und Liebhaber der Poesie – ausgesuchte Gedichte für Sie zusammengestellt.

Die Rechtschreibung wurde nur gelegentlich behutsam an die aktuellen Regeln angepasst.

Paul Schulte-Herrmann (Hrsg.)

# Wintergedichte

Ihre Lieblingsjahreszeit in der Lyrik

Anthologie

Bibliografische Information der Deutschen Nationalbibliothek: Die
Deutsche Nationalbibliothek verzeichnet diese Publikation in der
Deutschen Nationalbibliografie; detaillierte bibliografische Daten
sind im Internet über dnb.dnb.de abrufbar.


© 2023 Paul Schulte-Herrmann (Hrsg.)


Herstellung und Verlag: BoD – Books on Demand, Norderstedt
ISBN: 978-3-7578-7884-9

Unter eisblauem Himmel,
Durch den glitzernden Morgen hin,
In meinem Garten,
Hauch ich, kalte Sonne, dir ein Lied.

Richard Dehmel

# Vom Kirschbaum

Ist alles ganz kahl und still,
Nicht mal im Grase sichs regen will,
Steht alles geduckt,
Klappert im Frost und muckt
Mit dem Winter. Der putzt es mit Raureif auf,
Aber keines gibt was drauf.
Doch im Garten
Sagt einer: Ich kann warten.
Ist jemand, du kennst ihn wieder kaum,
So dünn ist er worden: der Kirschenbaum.
Schläft er nicht?
Trau einer dem Wicht!
Heute Mittag um Uhre eins
Gabs mal ein Pröbchen Sonnenscheins:
Darin – ich habe
Das deutlich gesehn –
Mit seinen Knospen
Fingerte der alte Knabe,
Ein wenig vorsichtig und geziert,
Wie man Badewasser probiert.
Und über seine Runzeln
Ging ein Schmunzeln.

*Ferdinand Avenarius*

# Wintermorgen im Hochgebirge

Wie wunderbar
Auf Bergespfaden im Januar!
Geheimnisvoll knistert, wohin ich geh',
Mir unter den Füßen der dichte Schnee,
Den nirgends, wie weit auch mein Weg mich führt,
Bisher ein menschlicher Schritt berührt.

Nichts weit und breit
Als weiße, schimmernde Einsamkeit;
Kaum dass verstohlen ein Reh einmal
Hinunter äugt ins verschneite Tal.
Wie weltfremd fühlt sich die Seele da –
Dem Leben so fern, dem Himmel so nah!

*Otto Baisch*

# Das Wunder kommt

Schwarz ist die Nacht; es kracht das Eis;
Die ganze Welt ist eingeschneit;
Es steht kein Stern am Himmel,
Am Himmel.

Da sieh: es blitzt ein zitternd Licht,
Ein Stern blitzt aus dem Schwarz heraus,
Ein roter Stern von Golde,
Von Golde.

So hat dereinst der Stern geblitzt,
Nach dem die heiligen Drei gereist
Mit Weihrauch und mit Myrrhen,
Mit Myrrhen.

Den Heiland hat der Stern gebracht;
In dieser Nacht zerbrach das Eis;
Das Wunder kommt: Der Frühling,
Der Frühling.

*Otto Julius Bierbaum*

# Ein Lied hinterm Ofen zu singen

Der Winter ist ein rechter Mann,
Kernfest und auf die Dauer;
Sein Fleisch fühlt sich wie Eisen an,
Und scheut nicht süß noch sauer.

War je ein Mann gesund wie er?
Er krankt und kränkelt nimmer,
Er trotzt der Kälte wie ein Bär
und schläft im kalten Zimmer.

Er zieht sein Hemd im freien an
und lässt's vorher nicht wärmen
und spottet über Fluss im Zahn
und Grimmen in Gedärmen.

Aus Blumen und aus Vogelsang
weiß er sich nichts zu machen,
Hasst warmen Drang und warmen Klang
und alle warmen Sachen.

Doch wenn die Füchse bellen sehr,
wenn's Holz im Ofen knittert,
und um den Ofen Knecht und Herr
die Hände reibt und zittert;

Wenn Stein und Bein vor Frost zerbricht
und Teich und Zehen krachen:
Das klingt ihm gut, das hasst er nicht,
dann will er tot sich lachen.

Sein Schloss von Eis liegt ganz hinaus
Beim Nordpol an dem Strande;
Doch hat er auch ein Sommerhaus
im lieben Schweizerlande.

Da ist er denn bald dort, bald hier;
gut Regiment zu führen;
und wenn er durchzieht, stehen wir
und sehn ihn an und frieren.

*Matthias Claudius*

# Winterwärme

Mit brennenden Lippen,
unter eisblauem Himmel,
durch den glitzernden Morgen hin,
in meinem Garten,
hauch ich, kalte Sonne, dir ein Lied.

Alle Bäume scheinen zu blühen;
von den reifrauen Zweigen
streift dein Frühwind
schimmernde Flöckchen nieder,
gleichsam Frühlingsblendwerk;
habe Dank!

An meiner Dachkante hängt
Eiszapfen neben Zapfen, starr,
die fangen zu schmelzen an,
Tropfen auf Tropfen blitzt,
jeder dem andern unvergleichlich,
mir ins Herz.

*Richard Dehmel*

# Ein milder Wintertag

An jenes Waldes Enden,
Wo still der Weiher liegt
Und längs den Fichtenwänden
Sich lind Gemurmel wiegt;

Wo in der Sonnenhelle,
So matt und kalt sie ist,
Doch immerfort die Welle
Das Ufer flimmernd küsst:

Da weiß ich, schön zum Malen,
Noch eine schmale Schlucht,
Wo all die kleinen Strahlen
Sich fangen in der Bucht;

Ein trocken, windstill Eckchen,
Und so an Grüne reich,
Dass auf dem ganzen Fleckchen
Mich kränkt kein dürrer Zweig.

Will ich den Mantel dichte
Nun legen übers Moos,
Mich lehnen an die Fichte,
Und dann auf meinen Schoß

Gezweig' und Kräuter breiten,
So gut ich's finden mag:
Wer will mir's übel deuten,
Spiel ich den Sommertag?

Will nicht die Grille hallen,
So säuselt doch das Ried;
Sind stumm die Nachtigallen,
So sing' ich selbst ein Lied.

Und hat Natur zum Feste
Nur wenig dargebracht:
Die Lust ist stets die beste,
Die man sich selber macht.

*Annette von Droste-Hülshoff*

# Verschneit liegt rings die ganze Welt

Verschneit liegt rings die ganze Welt,
Ich hab nichts, was mich freuet,
Verlassen steht ein Baum im Feld,
Hat längst sein Laub verstreuet.

Der Wind nur geht bei stiller Nacht
und rüttelt an dem Baume,
Da rührt er seine Wipfel sacht
Und redet wie im Traume.

Er träumt von künftger Frühlingszeit,
Von Grün und Quellenrauschen,
Wo er im neuen Blütenkleid
Zu Gottes Lob wird rauschen.

*Joseph von Eichendorff*

# Der Vögel Abschied

Ade, ihr Felsenhallen,
Du schönes Waldrevier,
Die falben Blätter fallen,
Wir ziehen weit von hier.

Träumt fort im stillen Grunde!
Die Berg stehn auf der Wacht,
Die Sterne machen Runde
Die lange Winternacht.

Und ob sie all verglommen,
Die Täler und die Höhn –
Lenz muss doch wiederkommen
Und alles auferstehn!

*Joseph von Eichendorff*

# Winter

Ein weißes Feld, ein stilles Feld.
Aus veilchenblauer Wolkenwand
hob hinten, fern am Horizont,
sich sacht des Mondes roter Rand.

Und hob sich ganz heraus und stand
bald eine runde Scheibe da,
In düstrer Glut. Und durch das Feld
klang einer Krähe heisres Krah.

Gespenstisch durch die Winternacht
der große dunkle Vogel glitt,
und unten huschte durch den Schnee
sein schwarzer Schatten lautlos mit.

*Gustav Falke*

# Winternacht

Wie ist so herrlich die Winternacht,
Es glänzt der Mond in voller Pracht
Mit den silbernen Sternen am Himmelszelt.
Es zieht der Frost durch Wald und Feld

Und überspinnet jedes Reis
Und alle Halme silberweiß.
Er hauchet über dem See und im Nu,
Noch eh' wir's denken, friert er zu.

So hat der Winter auch unser gedacht
Und über Nacht uns Freude gebracht.
Nun wollen wir auch dem Winter nicht grollen
Und ihm auch Lieder des Dankens zollen.

*August Heinrich Hoffmann von Fallersleben*

# Alles still

Alles still! Es tanzt den Reigen
Mondenstrahl im Wald und Flur,
Und darüber thront das Schweigen
Und der Winterhimmel nur.

Alles still! Vergeblich lauschet
Man der Krähe heisrem Schrei,
Keiner Fichte Wipfel rauschet
Und kein Bächlein summt vorbei.

Alles still! Die Dorfes-Hütten
Sind wie Gräber anzusehen,
Die, von Schnee bedeckt, inmitten
Eines weiten Friedhofs stehn.

Alles still! Nichts hör ich klopfen
Als mein Herz durch die Nacht;
Heiße Tränen niedertropfen
Auf die kalte Winterpracht.

*Theodor Fontane*

# Ein großer Teich war zugefroren

Ein großer Teich war zugefroren;
Die Fröschlein, in der Tiefe verloren,
Durften nicht ferner quaken noch springen,
Versprachen sich aber, im halben Traum:
Fänden sie nur da oben Raum,
Wie Nachtigallen wollten sie singen.
Der Tauwind kam, das Eis zerschmolz,
Nun ruderten sie und landeten stolz
Und saßen am Ufer weit und breit
Und quakten wie vor alter Zeit.

*Johann Wolfgang von Goethe*

# Winterlied der Meise

Wo auf winterlicher Flur
Noch kein Hälmchen zu erschauen,
Mahnt vom Walde her die Meise,
Auf die Sonne zu vertrauen,
Die für eine Weile nur
Uns entwandert auf der Reise.

*Martin Greif*

# Winteranfang

Kommet ihr wieder,
Spinnende Nebel,
Füllend mit trübem
Wehen die Luft?

Wo sich geöffnet
Blume an Blume,
Liegt nun, errötend,
Schauernder Duft.

Ach, und ihm wehret
Kaum mehr die Sonne,
Wie es noch gestern
Sichtbar geschah.

Abend und Morgen
Scheinen im Dämmer
Nahe verwoben –
Winter ist da.

*Martin Greif*

# Des Winters Hauch

Des Winters Hauch
entblättert den Strauch,
und wütende Sturmwinde heulen;
an des Hügels Hang,
wo die Lerche sonst sang,
erkrächzen nun Raben und Eulen.

Die Rose liegt
vom Frost geknickt,
und jubelnd hüllet der Winter
in raschem Flug
sein Leichentuch
um Floras blühende Kinder.

Die Schwalbe ruft
aus rauer Luft
ihr Lebewohl hernieder,
blickt noch einmal herab
auf das weite Grab
und flieht dann auf schnellem Gefieder,

und alles ist stumm
und tot ringsum,
kein Laut ertönt aus den Höhen,
nur am sumpfigen Teich,
im matten Gesträuch,
tanzt ein Chor von krächzenden Krähen.

*Franz Grillparzer*

# Wintergedanken

Willst du, Seele, nicht mehr blühen,
Da vorbei des Sommers Flucht?
Oder wenn der Herbst erschienen,
Warum gibst du keine Frucht?

War vielleicht zu reich dein Blühen,
War zu bunt der Farben Licht?
Denn die Blüten geben Früchte,
Aber, ach, die Blumen nicht.

*Franz Grillparzer*

# Das Dorf im Schnee

Still, wie unterm warmen Dach,
Liegt das Dorf im weißen Schnee;
In den Erlen schläft der Bach,
Unterm Eis der blanke Schnee.

Weiden steh'n im weißen Haar,
spiegeln sich in starrer Flut;
alles ruhig, kalt und klar
Wie der Tod, der ewig ruht.

Weit, so weit das Auge sieht,
keinen Ton vernimmt das Ohr.
Blau zum blauen Himmel zieht
Sacht der Rauch vom Schnee empor.

Möchte schlafen wie der Baum
Ohne Lust und ohne Schmerz;
Doch der Rauch zieht wie im Traum
Still nach Haus mein Herz.

*Klaus Groth*

# Der erste Schnee

Wenn die ersten Flocken fallen
Nieder von dem Himmel leis',
Breitend über Wald und Felder
Eine Decke silberweiß –

Glänzen alle Kinderaugen,
Denn nun ist der Winter da;
Und sie wissen's wohl, die Kleinen,
Dann ist's Christkindlein auch nah'

Christkind mit den schönen Gaben
Und dem hellen Weihnachtsbaum,
Den sie seit dem letzten Feste
Oft geseh'n in süßem Traum.

Wir, die Alten, Klugen, denken
Jagend an die Winterzeit –
Kinder singen Weihnachtslieder,
Wissen nichts von Sorg' und Leid.

Und ich will's euch nur gestehen,
Auch ich freu' mich wie ein Kind,
Da ich schon so manchen Streifen
Schnee auf meinem Haupte find',

Zwar der Schnee bringt nur den Winter,
Doch ich bang und zage nicht,
Schau dahinter schon im Geiste
Ein hellstrahlend Weihnachtslicht;

Höre leise schon erklingen
Weihnachtsglocken wunderbar,
Die zum schönsten Fest mich rufen
Und zum sel'gen neuen Jahr.

*Julie Katharina von Hausmann*

# Winterlandschaft

Unendlich dehnt sie sich, die weiße Fläche,
bis auf den letzten Hauch von Leben leer;
die muntern Pulse stocken längst, die Bäche,
es regt sich selbst der kalte Wind nicht mehr.

Der Rabe dort, im Berg von Schnee und Eise,
erstarrt und hungrig, gräbt sich tief hinab,
und gräbt er nicht heraus den Bissen Speise,
so gräbt er, glaub' ich, sich hinein ins Grab.

Die Sonne, einmal noch durch Wolken blitzend,
wirft einen letzten Blick auf's öde Land,
doch, gähnend auf dem Thron des Lebens sitzend,
trotzt ihr der Tod im weißen Festgewand.

*Christian Friedrich Hebbel*

# Der blaue Schnee

Der blaue Schnee liegt auf dem ebenen Land,
das Winter dehnt. Und die Wegweiser zeigen
einander mit der ausgestreckten Hand
der Horizonte violettes Schweigen.
Hier treffen sich auf ihrem Weg ins Leere
vier Straßen an. Die niedren Bäume stehen
wie Bettler kahl. Das Rot der Vogelbeere
glänzt wie ihr Auge trübe. Die Chausseen

verweilen kurz und sprechen aus den Ästen.
Dann ziehn sie weiter in die Einsamkeit
gen Nord und Süden und nach Ost und Westen,
wo bleicht der niedere Tag der Winterzeit.

Ein hoher Korb mit rissigem Geflecht
blieb von der Ernte noch im Ackerfeld.
Weißbärtig, ein Soldat, der nach Gefecht
und heißem Tag der Toten Wache hält.
Der Schnee wird bleicher, und der Tag vergeht.
Der Sonne Atem dampft am Firmament,
davon das Eis, das in den Lachen steht
hinab die Straße rot wie Feuer brennt.

*Georg Heym*

# Der Winter

Wenn ungesehn und nun vorüber sind die Bilder
Der Jahreszeit, so kommt des Winters Dauer,
Das Feld ist leer, die Ansicht scheinet milder,
Und Stürme wehn umher und Regenschauer.

Als wie ein Ruhetag, so ist des Jahres Ende
Wie einer Frage Ton, dass dieser sich vollende,
Alsdann erscheint des Frühlings neues Werden,
So glänzet die Natur mit ihrer Pracht auf Erden.

*Friedrich Hölderlin*

# Nein wer hätte das gedacht

Nein, wer hätte das gedacht
beim Zur-Schule-Gehn!
Heute Morgen um halb acht
war noch nichts zu sehn.
Keine Flocke rings im Kreis –
jetzt ist alles zuckerweiß.

Wie das wirbelt, tanzt und sprüht!
Weiß ist jedes Haus.
Unsre Schule selber sieht
wie ein Schneemann aus.
Jungens, Bälle nun gemacht!
Heute gibt's eine Schneeballschlacht!

*Adolf Holst*

# Im Wintergarten

Hinten im Garten, o lustige Pracht,
haben wir uns einen Schneemann gemacht;
hat eine Kappe bis über die Ohren,
und seine Nase ist knallrot gefroren;
hat keine Beine und hat keinen Arm,
aber er lacht, denn sein Schneepelz hält warm.

Weiß ist der Garten, wohin ich auch seh.
Winter, willkommen mit Eis und mit Schnee!
Vöglein, ihr kleinen, auch ihr sollt euch freuen,
Körner und Krumen woll'n wir euch streuen.
Schneit's auch noch toller um Hecken und Höhn,
heißa-juchhe, auch der Winter ist schön!

*Adolf Holst*

# Winter

Du lieber Frühling! Wohin bist du gegangen?
Noch schlägt mein Herz, was deine Vögel sangen.
Die ganze Welt war wie ein Blumenstrauß,
längst ist das aus!
Die ganze Welt ist jetzt, o weh,
Barfüßle im Schnee.
Die schwarzen Bäume stehn und frieren,
im Ofen die Bratäpfel musizieren,
das Dach hängt voll Eis.
Und doch: bald kehrst du wieder, ich weiß, ich weiß!
Bald kehrst du wieder,
o nur ein Weilchen,
und blaue Lieder
duften die Veilchen!

*Arno Holz*

# Winternacht

Nicht ein Flügelschlag ging durch die Welt,
Still und blendend lag der weiße Schnee.
Nicht ein Wölklein hing am Sternenzelt,
Keine Welle schlug im starren See.

Aus der Tiefe stieg der Seebaum auf,
Bis sein Wipfel in dem Eis gefror;
An den Ästen klomm die Nix herauf,
Schaute durch das grüne Eis empor.

Auf dem dünnen Glase stand ich da,
Das die schwarze Tiefe von mir schied;
Dicht ich unter meinen Füßen sah
Ihre weiße Schönheit Glied um Glied.

Mit ersticktem Jammer tastet' sie
An der harten Decke her uns hin –
Ich vergess das dunkle Antlitz nie,
Immer, immer liegt es mir im Sinn!

*Gottfried Keller*

# Im Winter

Als meine Freunde,
Die Bäume, noch blühten,
Rosen und Feuer-
Lilien glühten,
Waren die Menschen
All mir bekannt,
War mir die Erde
Lieb und verwandt.

Jetzt, wo die Freunde,
Die Bäume, gestorben,
Jetzt, wo die Lieben,
Die Blumen, verdorben,
Stehen die Menschen
Kalt auf dem Schnee,
Und was sie treiben,
Macht mir nur weh.

*Justinus Kerner*

# Winterschlaf

Indem man sich nunmehr zum Winter wendet,
Hat es der Dichter schwer,
Der Sommer ist geendet,
Und eine Blume wächst nicht mehr.

Was soll man da besingen?
Die meisten Requisiten sind vereist.
Man muss schon in die eigene Seele dringen –
Jedoch, da haperts meist.

Man sitzt besorgt auf seinen Hintern,
Man sinnt und sitzt sich seine Hose durch, –
Da hilft das eben nichts, da muss man eben überwintern
Wie Frosch und Lurch.

*Klabund*

# Winter

So ein Blau, ein blauer Tag,
So schneeweiß hell und schimmernd;
Die Augen blinzeln nur im Licht.

Äste schwer von heller Pracht,
Tropfen Stalaktiten Melodien
In deine warme Kaffeetasse.

Knirschend schnell auf Pulverteppich
Läufst du lachend in den Garten.
Gekonnt geworfen, treffe ich genau.

Über dir der Zweig gibt nach;
Es rutscht und fällt und regnet
Unendlich funkelnde Kristalle.

*Uwe Kleinerüßkamp*

# Winterabend

Schneeluft hängt in allen Gassen,
bleiche Dämmerfinger fassen
nach den flackernden Laternen,
die schon müde ihre blassen
Strahlen senden in die Fernen.

Dichter an den Kirchturm rücken
Stadttor schon und Bachtalbrücken,
und die trauten Giebeldächer,
draus mit weichen Kerzenblicken
grüßen rings die Schlafgemächer.

Und am Markt der alte Bronnen,
schneeverhängt und still versonnen,
träumt von lichten Frühlingszeiten,
wie er dann durch Blütenwonnen
plätschernd würde talwärts gleiten.

*Richard O. Koppin*

# November

Still träumen alle Gassen,
die Tage schnell entfliehn,
die Gärten stehn verlassen,
und langsam nur die blassen
Novembernebel ziehn.

Die trauten Bronnen schweigen,
längst schwand ihr Plätscherspiel.
Nur die Kastanien neigen
sich mit entlaubten Zweigen
zur Erde, feucht und kühl.

Gleich einem müden Greise,
fern über Stadt und Land,
summt fromme Orgelweise
der alte Kirchturm leise,
Adventzeit-zugewandt.

*Richard O. Koppin*

# An den Winter

Willkommen, lieber Winter,
Willkommen hier zu Land!
Wie reich du bist, mit Perlen
Spielst du, als wär' es Sand!

Den Hof, des Gartens Wege
Hast du damit bestreut;
Sie an der Bäume Zweige
Zu Tausenden gereiht.

Dein Odem, lieber Winter,
Ist kälter, doch gesund;
Den Sturm nur halt' im Zaume,
Sonst macht er es zu bunt!

*Elisabeth Kulmann*

# An meine Gartenblumen

Schlaft, liebe Blumen, schlafet,
Mit weichem Schnee bedeckt,
Bis euch des neuen Lenzes
Gelinder Odem weckt!

Jetzt herrscht im Land der Winter:
Er selbst ein lieber Mann;
Doch seine Stürme schnaubten
Euch, Blumen, unsanft an.

Drum, liebe Blumen, schlafet,
Mit weichem Schnee bedeckt,
Bis euch des jungen Lenzes
Gelinder Odem weckt!

*Elisabeth Kulmann*

# Winternacht

Vor Kälte ist die Luft erstarrt,
Es kracht der Schnee von meinen Tritten,
Es dampft mein Hauch, es klirrt mein Bart;
Nur fort, nur immer fortgeschritten!

Wie feierlich die Gegend schweigt!
Der Mond bescheint die alten Fichten,
Die, sehnsuchtsvoll zum Tod geneigt,
Den Zweig zurück zur Erde richten.

Frost! friere mir ins Herz hinein,
Tief in das heißbewegte, wilde!
Dass einmal Ruh mag drinnen sein,
Wie hier im nächtlichen Gefilde!

*Nikolaus Lenau*

# Farben

So blau liegt es über dem schneeweißen Schnee
und so schwarz sind die grünen Tannen,
dass das ganz leise hinhuschende Reh
so grau ist wie nie beendbares Weh,
das man doch so gern möchte bannen.

Schritte knirschen in Schneemusik
und Winde stäuben die Flocken zurück
auf die weiß überschleierten Bäume.
Und Bänke stehen wie Träume.

Lichter fallen und spielen mit Schatten
unendliche Ringelreihen.
Die fernen Laternen blinken mit mattem
Schein, den vom Schneelicht sie leihen.

*Selma Meerbaum-Eisinger*

# Wintertag

Über schneebedeckter Erde
Blaut der Himmel, haucht der Föhn –
Ewig jung ist nur die Sonne!
Sie allein ist ewig schön!

Heute steigt sie spät am Himmel,
Und am Himmel sinkt sie bald
– Wie das Glück und wie die Liebe –
Hinter dem entlaubten Wald.

*Conrad Ferdinand Meyer*

# Wenn es Winter wird

Der See hat eine Haut bekommen,
so dass man fast drauf gehen kann,
und kommt ein großer Fisch geschwommen,
so stößt er mit der Nase an.
Und nimmst du einen Kieselstein
und wirfst ihn drauf, so macht es klirr
und titscher - titscher - titscher - dirr ...
Heißa, du lustiger Kieselstein!
Er zwitschert wie ein Vögelein
und tut als wie ein Schwälblein fliegen –
doch endlich bleibt mein Kieselstein
ganz weit, ganz weit auf dem See draußen liegen.

Da kommen die Fische haufenweis
und schaun durch das klare Fenster von Eis
und denken, der Stein wär etwas zum Essen;
doch sosehr sie die Nase ans Eis auch pressen,
das Eis ist zu dick, das Eis ist zu alt,
sie machen sich nur die Nasen kalt.
Aber bald, aber bald
werden wir selbst auf eignen Sohlen
hinausgehn können und den Stein wiederholen.

*Christian Morgenstern*

# Die drei Spatzen

In einem leeren Haselstrauch,
da sitzen drei Spatzen, Bauch an Bauch.

Der Erich rechts und links der Franz
und mittendrin der freche Hans.

Sie haben die Augen zu, ganz zu,
und obendrüber, da schneit es, hu!

Sie rücken zusammen dicht, ganz dicht.
So warm wie der Hans hat's niemand nicht.

Sie hör'n alle drei ihrer Herzlein Gepoch.
Und wenn sie nicht weg sind, so sitzen sie noch.

*Christian Morgenstern*

# Zu Golde ward die Welt

Zu Golde ward die Welt;
Zu lange traf
Der Sonne süßer Strahl
Das Blatt, den Zweig.
Nun neig
Dich, Welt hinab
In Winterschlaf.

Bald sinkt's von droben dir
In flockigen Geweben
Verschleiernd zu –
Und bringt dir Ruh,
O Welt,
O dir, zu Gold geliebtes Leben,
Ruh.

*Christian Morgenstern*

# Neuschnee

Flockenflaum zum ersten Mal zu prägen
mit des Schuhs geheimnisvoller Spur,
einen ersten schmalen Pfad zu schrägen
durch des Schneefelds jungfräuliche Flur –

Kindisch ist und köstlich solch Beginnen,
wenn der Wald dir um die Stirne rauscht
oder mit bestrahlten Gletscherzinnen
deine Seele leuchtende Grüße tauscht.

*Christian Morgenstern*

# Der stürmische Morgen

Wie hat der Sturm zerrissen
Des Himmels graues Kleid!
Die Wolkenfetzen flattern
Umher in mattem Streit,

Und rote Feuerflammen
Ziehn zwischen ihnen hin:
Das nenn ich einen Morgen
So recht nach meinem Sinn!

Mein Herz sieht an dem Himmel
Gemalt sein eignes Bild —
Es ist nichts als der Winter,
Der Winter kalt und mild!

*Wilhelm Müller*

# Eisnacht

Wie in Seide ein Königskind
schläft die Erde in lauter Schnee,
blauer Mondscheinzauber spinnt
schimmernd über der See.

Aus den Wassern der Raureif steigt,
Büsche und Bäume atmen kaum:
durch die Nacht, die erschauernd schweigt,
schreitet ein glitzernder Traum.

*Clara Müller-Jahnke*

# Frost

Vom Meer heran braust schwirrend
ein schneidender Nordnordost,
durch öde Straßen klirrend
schreitet der scharfe Frost.

Im Schnee verloren die Pfade
und Tür und Tor verweht –
nur dass der Stern der Gnade
noch leuchtend am Himmel steht!

*Clara Müller-Jahnke*

# Erster Schnee

Als ich schläfrig heut erwachte,
und es war die Kirchenzeit,
hörte ich's am Glockenklange,
dass es über Nacht geschneit.

Denn vor meinem hellen Fenster
klang so hell der Glockenschlag,
dass ich schon im Traume wusste:
heute wird ein heller Tag.

Und ich ging und stand am Fenster:
trug die Welt ein weißes Kleid,
und mir ward die ganze Seele
glänzend weiß und hell und weit.

*Börries von Münchhausen*

# Im Winter

Wiesengrund und Bergeshöh'
Liegen wie begraben,
Auf dem schimmernd weißen Schnee
Tummeln sich die Raben.
Mag die Sonne auch ihr Licht
Fernehin entsenden,
Es erquickt und wärmet nicht,
Kann nur schmerzlich blenden.

Dicht vor meinem Fenster steht
Eine schlanke Linde,
Mit Demanten übersät
Stöhnet sie im Winde.

An die Scheiben pocht sie leis',
Leis' wie Glöckchen läuten;
Was sie sagen will, ich weiß
Mir es wohl zu deuten.
Arme Linde! Tag und Nacht
Scheinst du mir zu klagen:
»Dürft ich doch, statt toter Pracht,
Wieder Blüten tragen!«

*Betty Paoli*

# Baum im Winter

Es steht ein Baum vor meinem Haus –
Armseligstruppiges Geäst
Hebt sich aus seinem Stamm heraus
Und hält ihn an das Leben fest.

Im Sommer hat die schnelle Faust
Des Blitzes seinen Stamm zersägt,
Und Sturmwind, der im Herbst gebraust,
Die letzte Kraft hinweggefegt.

Die andern Bäume stehen stark
Und kühn um diesen Krüppel her.
In ihnen singt gesundes Mark
Und macht ihr Dasein tatenschwer.

Doch wenn ein Ast im Winde bebt
An seinem Leibe, glaubt auch er,
Dass er noch für den Frühling lebt,
Wie seine Brüder ringsumher.

*Alfons Petzold*

# Winterlust

Wohin man schaut, nur Schnee und Eis,
Der Himmel grau, die Erde weiß;
Hei, wie der Wind so lustig pfeift,
Hei, wie er in die Backen kneift,
Doch meint er's mit den Leuten gut,
Erfrischt und stärkt, macht frohen Mut.
Ihr Stubenhocker, schämet euch,
Kommt nur heraus, tut es uns gleich.
Bei Wind und Schnee auf glatter Bahn,
Da hebt erst recht der Jubel an!

*Robert Reinick*

# Der Schneemann auf der Straße

Der Schneemann auf der Straße
trägt einen weißen Rock,
hat eine rote Nase
und einen dicken Stock.

Er rührt sich nicht vom Flecke,
auch wenn es stürmt und schneit.
Stumm steht er an der Ecke
zur kalten Winterszeit.

Doch tropft es von den Dächern
im ersten Sonnenschein,
da fängt er an zu laufen,
und niemand holt ihn ein.

*Robert Reinick*

# Da wechselt um die alten Inselränder

Da wechselt um die alten Inselränder
das winterliche Meer sein Farbenspiel
und tief im Winde liegen irgend Länder
und sind wie nichts. Ein Jenseits, ein Profil;
nicht wirklicher als diese rasche Wolke,
der sich das Eiland schwarz entgegenstemmt.
Und da geht einer unterm Insel-Volke
und schaut in Augen und ist nichts als fremd.

Und schaut, so fremd er ist, hinaus, hinüber,
den Sturm hinein; zwar manchen Tag ist Ruh;
dann blüht das Land und lächelt noch. Worüber?
Und die Orangen reifen noch. Wozu?

Was müht der Garten sich ihn zu erheitern
den Fremden, der nichts zu erwarten schien,
und wenn sich seine Augen auch erweitern
für einen Augenblick –: er sieht nicht ihn.
Wenn er vom Vorgebirge in Gedanken
des Meeres winterliches Farbenspiel
und in den Himmeln ferner Küsten Schwanken
manchmal zu sehen glaubt: das ist schon viel.

*Rainer Maria Rilke*

# Die hohen Tannen atmen heiser

Die hohen Tannen atmen heiser
im Winterschnee, und bauschiger
schmiegt sich sein Glanz um alle Reiser.
Die weißen Wege werden leiser,
die trauten Stuben lauschiger.

Da singt die Uhr, die Kinder zittern:
Im grünen Ofen kracht ein Scheit
und stürzt in lichten Lohgewittern, –
und draußen wächst im Flockenflittern
der weiße Tag zur Ewigkeit.

*Rainer Maria Rilke*

# Der Abend kommt von weit gegangen

Der Abend kommt von weit gegangen
durch den verschneiten, leisen Tann.
Dann presst er seine Winterwangen
an alle Fenster lauschend an.

Und stille wird ein jedes Haus;
die Alten in den Sesseln sinnen,
die Mütter sind wie Königinnen,
die Kinder wollen nicht beginnen
mit ihrem Spiel. Die Mägde spinnen
nicht mehr. Der Abend horcht nach innen,
und innen horchen sie hinaus.

*Rainer Maria Rilke*

# Stille Winterstraße

Es heben sich vernebelt braun
Die Berge aus dem klaren Weiß,
Und aus dem Weiß ragt braun ein Zaun,
Steht eine Stange wie ein Steiß.

Ein Rabe fliegt, so schwarz und scharf,
Wie ihn kein Maler malen darf,
Wenn er's nicht etwas kann.
Ich stapfe einsam durch den Schnee.

Vielleicht steht links im Busch ein Reh
Und denkt: Dort geht ein Mann.

*Joachim Ringelnatz*

# Flugzeug am Winterhimmel

Ich fliege im Flockengewimmel.
Ach, guter Himmel, lass das doch sein!
Ich Flugriese bin nur klein Vögelein
Gegen dich, schüttender Himmel.

Sag Schneegestöber, ich bäte es sehr,
Ein wenig nachzulassen.
Denn meine Flügel tragen schon schwer
An sechs ganz dicken Insassen.

Die spielen Karten in meinem Leib
Und trinken, weil sie so frieren.
Und wollen nach Zoppot, um Zeitvertreib
Und Örtliches zu studieren.

Und käme ich dort nicht pünktlich hin,
Die würden es niemals verzeihen.
Lieber Himmel, wenn ich gelandet bin,
Dann darfst du gern wieder schneien.

*Joachim Ringelnatz*

# Schneeglöckchen

Der Schnee, der gestern noch in Flöckchen
Vom Himmel fiel
Hängt nun geronnen heut als Glöckchen
Am zarten Stiel.
Schneeglöckchen läutet, was bedeutet's
Im stillen Hain?

O komm geschwind! Im Haine läutet's
Den Frühling ein.
O kommt, ihr Blätter, Blüt' und Blume,
Die ihr noch träumt,
All zu des Frühlings Heiligtume!
Kommt ungesäumt!

*Friedrich Rückert*

# Winterlied

Das Feld ist weiß, so blank und rein,
Vergoldet von der Sonne Schein,
Die blaue Luft ist stille;
Hell, wie Kristall
Blinkt überall
Der Fluren Silberhülle.

Der Lichtstrahl spaltet sich im Eis,
Er fimmert blau und rot und weiß,
Und wechselt seine Farbe.
Aus Schnee heraus
Ragt, nackt und kraus,
Des Dorngebüsches Garbe.

Von Reifenduft befiedert sind
Die Zweige rings, die sanfte Wind'
Im Sonnenstrahl bewegen.
Dort stäubt vom Baum
Der Flocken Pflaum
Wie leichter Blütenregen.

Tief sinkt der braune Tannenast
Und drohet, mit des Schnees Last
Den Wandrer zu beschütten;

Vom Frost der Nacht
Gehärtet, kracht
Der Weg, von seinen Tritten.

Das Bächlein schleicht, von Eis geengt;
Voll lautrer blauer Zacken hängt
Das Dach; es stockt die Quelle;
Im Sturze harrt,
Zu Glas erstarrt,
Des Wasserfalles Welle.

Die blaue Meise piepet laut;
Der muntre Sperling pickt vertraut
Die Körner vor der Scheune.
Der Zeisig hüpft
Vergnügt und schlüpft
Durch blätterlose Haine.

Wohlan! auf festgediegner Bahn,
Klimm ich den Hügel schnell hinan,
Und blicke froh ins Weite;
Und preise den,
Der rings so schön
Die Silberflocken streute.

*Johann Gaudenz von Salis-Seewis*

# Winter

Aus Nebellüften gaukeln lichte Flocken
Hernieder auf die ausgestorbne Fläche,
Vom Eise starren Seen, Flüss' und Bäche
Und alle frischen Lebenskeime stocken.

Da schleicht der Lenz heran auf grünen Socken,
Dass er die Kraft des alten Rieden breche,
Dass er den Mord der tausend Blüten räche,
Und wirft den grimmen Feind mit Blumenglocken.

Wie tröstlich ist's, in winterlichen Schauern,
Und in der Wesen allgemeinem Trauern
Zu wissen, dass ein neuer Frühling grüne;

Doch düster schattet eine Wetterwolke
Verfinsternd über einem ganzen Volke,
Und ohne dass ein Rächer ihm erschiene!

*Ferdinand Sauter*

# Winter

Winter ist es. In dem weiten Reiche
Der Natur herrscht tiefe Einsamkeit,
Und sie selbst liegt, eine schöne Leiche,
Ruhig in dem weißen Sterbekleid.

Ihre Blumenkinder ruhn verborgen
An der Mutter Brust, mit ihr bedeckt.
Träumend von dem Auferstehungsmorgen
Wo der Lenz sie aus dem Schlummer weckt.

Was die Erde hat, kann nicht bestehen,
Ihre Gabe heißt Vergänglichkeit,
Aufwärts zu dem Himmel muss du sehen,
Suchst du ewige Schön' und Herrlichkeit.

*Philipp Spitta*

# Gang im Schnee

Nun rieseln weiße Flocken unsre Schritte ein.
Der Weidenstrich lässt fröstelnd letzte Farben sinken,
Das Dunkel steigt vom Fluss, um den versprengte Lichter
blinken,
Mit Schnee und bleicher Stille weht die Nacht herein.

Nun ist in samtnen Teppichen das Land verhüllt,
Und unsre Worte tasten auf und schwanken nieder
Wie junge Vögel mit verängstetem Gefieder –
Die Ebene ist grenzenlos mit Dämmerung gefüllt.

Um graue Wolkenbündel blüht ein schwacher Schein,
Er leuchtet unserm Pfad in nachtverhängte Weite,
Dein Schritt ist wie ein fremder Traum an meiner Seite –
Nun rieseln weiße Flocken unsre Sehnsucht ein.

*Ernst Stadler*

# Schnee

Schnee, zärtliches Grüßen
der Engel,
schwebe, sinke –
breit alles in Schweigen
und Vergessenheit!
Gibt es noch Böses,
wo Schnee liegt?
Verhüllt, verfernt er nicht
alles zu Nahe und Harte
mit seiner beschwichtigenden
Weichheit, und dämpft selbst
die Schritte des Lautesten
in Leise?
Schnee, zärtliches Grüßen
der Engel,
den Menschen, den Tieren! –
Weißeste Feier
der Abgeschiedenheit.

*Francisca Stoecklin*

# Winter

Es deckt das Land des Schnees tiefe Schichte
Zu einer Wüste unabsehbar weit,
Draus ragt, als Denkmal einer grünen Zeit,
Als Pyramide, einsam eine Fichte.

Die Blume lebet nur noch im Gedichte,
Kein Lied erfreut die starre Einsamkeit,
Und selbst die lieben Gräber sind verschneit,
Die Sonne selber birgt das Angesichte.

Wo sind die Kränze, die wir Frühlings flochten,
Wo sind die Herzen, die so freudig pochten,
Wo sind die Fahnen, die wir ließen weh'n?

Verwelkt! verhallt! zersplittert und zertreten!
Es starrt in Eis und Eisen unsere Eden.
O gute Nacht! und lasst uns schlafen geh'n.

*Friedrich Stoltze*

# Winters Anfang

Nun ist der erste Schnee gefallen
Und deckt des Gartens Blumen zu.
Wann wieder wird der Ruf erschallen:
Erwacht! Erhebt euch aus der Ruh!

Ach, nun wie lang' unholden Mächten
Gehört die Welt, die einst so schön!
Wem bangt nicht vor den langen Nächten,
Wenn um das Haus die Stürme gehn.

O gib uns, Gott, freundliche Helle,
Die uns in Winters Graun beglückt,
Bis dass der Schnee geht von der Schwelle,
Der Schlehbusch draußen neu sich schmückt.

Erhalt' die Glut auf unsrem Herde,
Erhalt' auf unsrem Tisch das Brot;
Gib, dass von uns gegeben werde,
Wenn an die Türe pocht die Not.

Gib uns, dass Friede bei uns wohne,
Dass Freude kehre bei uns ein;
Dass Feuer unser Haus verschone,
Krankheit und Sorge, Angst und Pein.

Dass unversehrt das Dach geblieben,
Wenn wieder Schwalben drunter baun,
Und dass wir all, die wir uns lieben,
Im Lenz die Veilchen wieder schaun.

*Johannes Trojan*

# Wintermorgen

Ein trüber Wintermorgen war's,
Als wollt' es gar nicht tagen,
Und eine dumpfe Glocke ward
Im Nebel angeschlagen.

Und als die dumpfe Glocke bald,
Die einzige verklungen,
Da ward ein heisres Grabeslied,
Ein einz'ger Vers gesungen.

Es war ein armer, alter Mann,
Der lag gewankt am Stabe,
Trüb, klanglos, wie sein Lebensweg,
So war sein Weg zum Grabe.

Nun höret er in lichten Höhn
Der Engel Chöre singen
Und einen schönen, vollen Klang
Durch alle Welten schwingen.

*Johann Ludwig Uhland*

# Das erste Weiß

Wie plötzlich doch bedeckt mit Eis
So Strauch als Bäume steh'n,
Auf letztem Grün das erste Weiß,
Wie traurig ists zu sehn!

Was bangst du, Herz? Sei frisch und kühn
Und denk, wenn Flocken wehn:
Auf letztem Weiß das erste Grün,
Wie lieblich wird das stehn!

*Johann Nepomuk Vogl*

# Winterfrühling

Der Winter strahlt. Die Sonne rollt
Einsam durchs Blau ihr klares Gold.

Einöd im Tal. Es tropft und taut
Vom Hüttenbach in leisem Laut.

Am Berghang glänzt der Schnee so rein,
Dort schläft der Wind im Sonnenschein.

Ein Birkenbaum, allein und kahl,
Die Hängezweige hebt im Strahl.

Er blinzt ins blaue Gotteslicht,
Das brennt ihm überm Wipfel dicht.

Ein Meislein hüpft ganz sacht im Baum,
Ein Seelchen zirpt – du hörst es kaum.

*Leopold Weber*

# Februar

Unregsam, wie der Wind umgeht,
ein magrer Baum im frühen Beet,

so lichtgetrocknet unbeirrt,
dass sich daran ein Blick verwirrt,

ein Auge, starr in eins gesinnt,
die Sonne dreht sich um den Wind,

das Feld wird in die Runde bloß
und dunkelt vor dem Auge groß,

das faltet sich zu ernstem Schlag
und waltet mächtig in den Tag

und hürdet in sich alle Last,
geschlichtet ohne Willen fast.

*Konrad Weiß*

# Schnee

Träne des Himmels: der Regen fiel
Tödlich wie Schwermut fällt
Auf das geliebte zerbrochene Spiel
Auf die verwesende Welt.

Herbst schon rollte sie schwelgend hinab,
Purpurner Untergang,
Sanft nun wiegt sie zu Grab
Eigener Wehmut Gesang.

Da: im silbernen Blitz der Fröste
Sieh, Erstarrung fällt,
Selige Form; es tanzt im Kristall die erlöste
Tanzt die gerettete Welt.

*Maria Luise Weissmann*

# Der Schneefall

O langsames Fallen des Schnees,
Unendliches schleierndes Treiben!
Wär' doch mein Auge geistesgestählt,
Ihm könnte verborgen nicht bleiben,
Dass jede Flocke des weißen Gewehs
Gewusst ist, gewogen, gezählt.

O Flocken, die tanzend sich drehn,
Ihr klein beseelten Persönlichkeiten,
Vertragen von Schwere, Leichte und Wind,
In eurem Kommen und Gehen
Seh ich die Schicksale niedergleiten,
Die ihr beginnt, vollendet, beginnt ...

Die eine fällt wollig und weich,
Die andre voll Trotz und kristallen,
Die dritte von Widerständen geballt.
Doch löst sich morgen das bleiche Reich,
So stirbt nicht eine von allen
Und die reinsten tauen zur Tropfengestalt.

*Franz Werfel*

# Buchempfehlungen

Paul Schulte-Herrmann (Hrsg.)
*Ihre Lieblingsjahreszeit in der Lyrik*

Frühlingsgedichte
Sommergedichte
Herbstgedichte
Wintergedichte

*Außerdem:*
Weihnachtsgedichte
Naturgedichte